指文字は、日本語の五十音やアルファベット、
数字などを 1 文字ずつ指の形であらわしたものです。

五十音　濁音　促音など

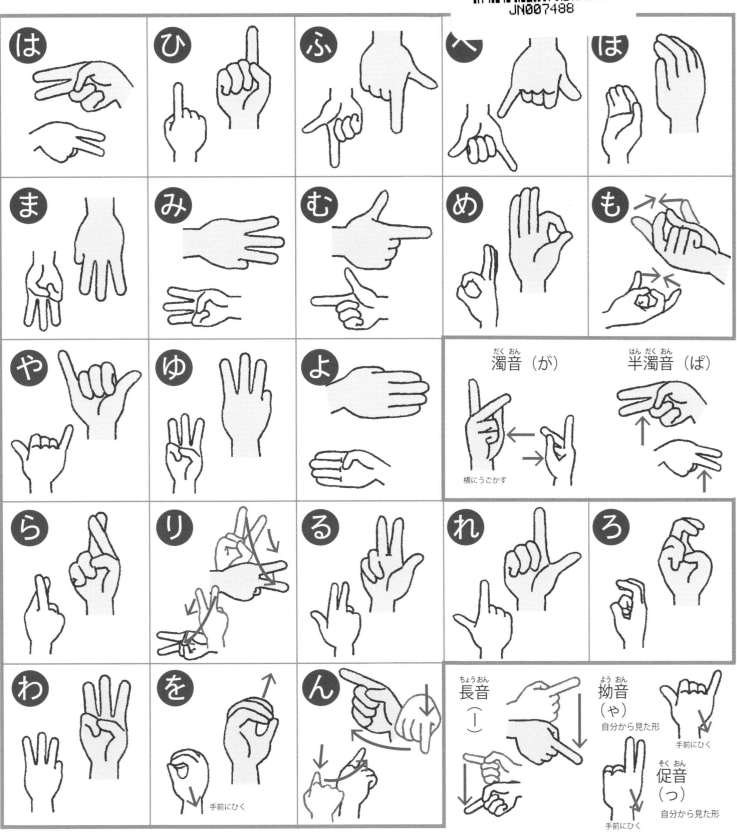

監修のことば

日本には、1億2,500万人の人々が生活しています。

その中で、366万人が障害児者といわれています。身体や足の不自由な人や、目の見えない人とは、みなさんもどこかで会ったり、お話ししたことがあるのではないでしょうか。

しかし、みなさんは、今まで耳のきこえない人と会ったことはありますか？　お話ししたことはありますか？

耳がきこえないということは、外から見てわかりません。こまっているときもまわりの人とコミュニケーションができないなど、きこえないということは、ひとことでいうと「わかりにくい障害」といわれています。

みなさんは、きこえない人たちの問題や悩みをききたい、知りたいと思ったときは、どうやってコミュニケーションをとりますか？

話しかけてもきこえないと知ったら、紙に書いたり、身ぶりであらわしたり、伝える努力をするでしょう。それを見て、きこえない人もみなさんにわかってもらうために、いっしょうけんめい工夫して答えます。

きこえない子どもたちも、みなさんと同じように夢をもって、がんばって勉強しています。そして大人になれば、自動車の運転もできますし、医者や弁護士、プロ野球の選手になっている人もいます。

この本は、「わかりにくい障害」をもっている耳のきこえない人たちのことを知ってもらうために、きこえないことがどういうことか、また、手話言語がどういうことばなのかをわかりやすく説明しています。

きこえないことについて理解を深め、きこえない人たちと、楽しく手話でコミュニケーションしましょう。

一般財団法人全日本ろうあ連盟

理事長　石野　富志三郎

監修：全日本ろうあ連盟

手話でつながる世界 **4**

手話で 世界一周

小峰書店

もくじ

この本の読み方

この本では、日本の標準手話を基本に紹介しています。ただし、国名手話（10〜11ページ、20〜21ページ、32〜33ページ、42〜43ページ）では、その国で使われている手話を紹介しています。

手がいくつかあるときは、うすい色からこい色へとうごかします。

手話であらわしている名所、名物など

バナナ

バナナの皮をむくよ

熱帯から亜熱帯で栽培されるバナナ。日本が輸入している80％以上はフィリピン産だ。

左手の指をつまんで指先を上に向け、そこから右手の指先を2つの方向に長くひきおろす

手や指の動きを矢印であらわしています。

手や指の動きを説明しています。

●この本で紹介するイラストの手話は、相手から見たときのようすをあらわしています。

●手話のイラストは、右利きの人用にえがいています。左利きの人は、左右の手をいれかえてもかまいません。

●手話で話すときは、指や手の形や動きがよくわかるよう、相手にはっきりと見えるようにしましょう。

●手話では、手の形や動きだけでなく、顔の表情も大切です。うれしいときには、うれしさが伝わるような明るい表情、あやまるときはすまなそうな表情をしましょう。

●手話で話すときは、同時におなじことばを話しましょう。相手は口の動きも見てくれます。

伝えよう！ 行ってみたい 世界の国々

世界には、どんな楽しいことがあるのでしょうか。行きたい国や見てみたいものについて、手話で伝えてみましょう。

イタリアに行ってみたいです

イタリア（に）	行く	〜したい

ひらいた親指と人さし指を、イタリアの国の形のようにおろしながらとじる	下に向けた人さし指を右ななめ前にだしながら、指先をななめ前に向ける	のどに向けた親指と人さし指をななめ下にひきながらとじる

行ってみたい国の名前の手話を調べて入れてみてね

ローマで何を見たいですか？

ローマ（で）	見る	〜したい	ですか？

チョキをとじた両手を交差させて、軽く2回たたく	親指と人さし指で輪をつくり、目もとから前へだす	のどに向けた親指と人さし指をななめ下にひきながらとじる	指先を耳に向けた右手を、手のひらを上に向けて胸の位置までおろす

行きたい国や都市を入れてみてね

たずねるときの手話

4

カナダのオーロラは有名です

カナダ（の）		オーロラ（は）	有名		です

いろいろな国の有名なものを入れてみてね

ていねいに伝えたいときは、この動作をつけるよ

手をグーにして、胸に2回あてる

指を丸めて「地球」をあらわした左手の上を、右手の指をたててゆらしながら左から右へうごかす

前に向けた左の手のひらに、右手の人さし指の指先をつけて、同時にあげる

指先を少しななめ上に向けたまま軽くおろす

アメリカでハンバーガーを食べてみたいです

アメリカ		ハンバーガー	食べる	～したい

国の名前や食べものを変えてみてね

横にした右手のパーの手のひらを自分側へ向け、ゆらしながら右へうごかす

両手の指先をつまんで口もとにちかづける

左の手のひらの皿から、右手のはしを口もとにはこぶ

のどに向けた親指と人さし指をななめ下にひきながらとじる

この本には、世界の国々の名所や名物、動植物などの手話（10〜47ページ）がのっています。

自分が行ってみたい国や場所、見てみたい自然や名所、食べてみたい名産品などを、4〜7ページの例を参考にして、手話で伝えてみましょう。

伝えよう！
世界の国の楽しみ

外国を旅行して楽しかったこと、「すごい！」と感じたことなどを、手話で伝えてみましょう。

ブラジルに行ってきました

ブラジル（に）

行ったことのある
国の名前を
入れてみてね

丸めた左手の上で、右手の指
文字「ふ」をまわす

行く

下に向けた人さし指を右ななめ前にだし
ながら、指先をななめ前に向ける

ました／かった

過去のことを
伝えるときに
この動きをするよ

指を上に向けた両手を同時に
おろしながら指をとじる

サッカーの応援が楽しかった

サッカー　　旗をふるようす　　**応援（する）**　　　　　　　**楽しい**

左手の親指と人さし指で輪をつくり
（ボール）、右手のチョキを下に向けて
人さし指でけるしぐさをする

①両手のグーを上下におき、
ゆるやかな弧をえがいて
左右にふり

②左手の親指をたて、その
背を右の手のひらで前に
おすように2回たたく

指を軽くまげた両手の指先
を胸に向け、交互に上下に
うごかす

中国の万里の長城がすごかった

中国（の）

つまんだ右手の親指と人さし指を胸にそって右へひき、下にさげる

すごい！と思ったところを入れてみてね

万里の長城（が）

①両手の人さし指をまげて向かいあわせて「城」

城壁が長くのびるようすだね

②左手はそのままで、右手をゆるやかな弧をえがきながら前へあげる

すごい

軽く指をまげ、こめかみに向けて半回転させる

かった／でした

指を上に向けた両手を同時におろしながら指をとじる

飛行機に乗ったのははじめてでした

飛行機（に）

乗り物の手話を調べて入れてみてね

親指と小指をのばしてななめ上へあげていき、とびたつようす

乗る

座席にすわったところ

左手の人さし指と中指をのばし、その上に右手の人さし指と中指をまげてのせる

はじめて

ひらいた右手をあげながら、人さし指以外の指をにぎる

手話でめぐろう！ 世界の国々
みてみよう！ 世界のおもな地域

ヨーロッパ

指文字の「え」は
国際手話の「E」とおなじ。
Europe（ヨーロッパ）の
頭文字よ

※国際手話の指文字（アルファベット）は1巻15ページをみてね。

右手で指文字「え」をつくり、円をえがきながら右へうごかす

アジア

指文字の「あ」は
国際手話の「A」と
おなじだから、世界共通よ

日本

右手で指文字「あ」をつくり、左から右へ弧をえがく

アフリカ

アフリカ大陸の形

大西洋

右手の指をひらきながら右にまわし、下におろしてにぎる

インド洋

世界には、大きな大陸とたくさんの島々があります。そこに広がる地域や国々ならではの魅力が、世界にはみちあふれています。手話で、世界の名所や名物、動植物などをめぐっていきましょう。

北アメリカ

南北アメリカ大陸のうち、北アメリカが大きい形

手のひらを前に向けた左手と、にぎった右手の親指を、図のようにつける

大西洋

太平洋

中央アメリカ

南アメリカ

こちらは南アメリカが大きい形よ

にぎった左手の親指と手のひらを自分側に向けた右手を、図のようにつける

オセアニア

地球の下（南）のほうをさすよ

南極

左手を丸めて「地球」をあらわし、その内側から、右手の人さし指をさげる

世界の国の名前 アジア

イラン

手のひらを上にした左手に、
右手の親指を２回つける

インド

額のまん中につける
「ヒンディ」という
赤いマークよ

親指を眉間にあてて、
ななめ上にはねあげる

ネパール

右手の親指と人さし指をまげて、
胸の前で左から右にギザギザに
うごかす

アラブ首長国連邦

指を軽くまげ、耳の下からほほに
向かってななめに２回なでる

バングラデシュ

手のひらを上にした右手を
腰のあたりにつけ

指を軽くまげて手のひらを
ひっくりかえす

サウジアラビア

人さし指と中指をこめかみに
２回つける

スリランカ

左の手のひらを右に向けてたて、その横で右手の
人さし指をたてて前に一回転させ、甲を前に向ける

10

※ここでは、その国で使われている手話表現を紹介しています。
※本書に登場する国を中心に、国名手話のあるおもな国をのせています。

モンゴル

国の北側の形の一部だよ

人さし指で右の眉尻をあげる

韓国

「カッ」という伝統的な帽子の形

右手を頭にのせてななめにおろし、指先をこめかみにつける

日本

日本列島の形ね

両手の親指と人さし指を図のようにあわせ、左右へひきはなしながら指をとじる

中国

左手の指を丸めて輪をつくり、そのまん中に右手の人さし指を2回あてる

タイ

ゾウの鼻よ

人さし指を鼻の上にあててななめ前におろす

フィリピン

手のひらを下にした左手の上で右手の指文字「か」を下に向けてまわし

その中指を左手の甲につける

マレーシア

両手をまっすぐのばし、頭の横にたてて交互に上下する

シンガポール

手のひらを下にした左手の上でグーにした右手をまわし

左手の甲につける

インドネシア

胸の前で右手の人さし指と中指をそろえて、指を前後にゆらしながら左から右へうごかす

11

アジア ①
東アジア

卓球

©Pierre-Yves Beaudouin©

世界大会では、中国が最強をほこる。日本も近年、中国とメダルあらそいをくり広げている。

ラケットで球をうつしぐさね

左手の親指と人さし指で輪をつくり、それを右手の甲（ラケット）でうって前へだす

馬

体高120〜140cmの小柄なモンゴル馬が、モンゴル遊牧民の生活をささえてきた。

馬の耳ね

モンゴル

頭の横に両手の手のひらをつけて、前後に少しふる

万里の長城

©Samxli©

中国北部に、紀元前3世紀から長年にわたり建設されつづけた世界一長い城壁。その長さは6200km以上にもなる。世界遺産。

両手の人さし指をまげて向かいあわせて「城」

城壁が長くのびるようす

左手はそのままで、右手をゆるやかな弧をえがきながら前へあげる

方　里

中国

四川省

焼肉

韓国が本場。肉を焼き、塩やタレなどで味つけをして食べる。

焼いた肉をかえすしぐさ

左の手のひらに右手の人さし指と中指をのせて

のせた指をひっくりかえして、左の手のひらにつける

すし

©Yumi Kimura©

すしをにぎる
しぐさ

丸めた左手に右手の人
さし指と中指をはさん
で軽くふる

魚などの具と酢飯を組みあわせた、世界中で
人気の日本の伝統料理。

どすこい！

キムチ

©AhmadElq©

からくて口が
ヒリヒリする
ようす

白菜などの野菜をとう
がらしなどの調味料で
漬けた韓国の伝統料理。

親指と人さし指をひら
いたりとじたりしなが
ら口の前でうごかす

城

すもう

まわしをつけた力士が土俵の
上で戦う、長い歴史と伝統を
もつすもう。

両手をにぎり、小指側で左
右の脇腹を交互にたたく

富士山の
形ね

富士山

韓国

静岡県と山梨県にまたがる美しい富士山。
標高3776mは日本一の高さ。

日本

太平洋

両手の人さし指と中指で図のよう
に山の形をつくり、左右のななめ
下へおろす

日本とのつながり

パンダ

©Asio otus©

中国ならではの動物・ジャイアントパンダ
は、かわいい白黒模様。クマの仲間なのに
竹や笹を食べる。絶滅が危惧されている。

目の
まわりの
黒い
もようね

両手の親指と人さし指を丸めて
両目の横に図のようにつける

パンダは日本と中国の友好のあかし。

　パンダは、中国・四川省などの標高1200
～1300mの山の中の竹林にくらしています。
　1972年、東京の上野動物園に2頭のパン
ダがきました。オスの名前は「カンカン」で、
メスは「ランラン」。2頭は友好のあかしとして、
中国から日本にきたのです。その後もいずれ
中国に帰る約束で、たくさんのパンダが日本
にきてくらしています。

13

アジア②
東南アジア

スープ

スープを
飲むしぐさ

世界三大スープに数えられる、
タイのトムヤムクン。エビの入っ
た、からくてすっぱいスープ。

親指を人さし指にのせた
グーを、ななめ下から口
もとへちかづける

ゾウ

ゾウの鼻だよ

体長6m前後とアフリカゾウより
も小柄なアジアゾウは、温厚な性
格でも知られる。タイではゾウは
生活に欠かせない存在で、大切に
保護されている。

右手をにぎって手首で
おりまげ鼻先でふる

カマキリ

2本の前肢が鎌のよう
な形をしたカマキリ。
東南アジアには、花の
ように美しい「ハナカ
マキリ」（写真）もいる。

タイ

カマを
うごかすよ

両手の人さし指をまげて前に
向け、交互に上下する

クワガタムシ

世界で約1500種類ある
クワガタのうち、3分の
2が東南アジアに生息し
ている。写真は日本にも
輸入され人気の高い「パ
リーフタマタクワガタ」。

大きなあごを
うごかすようす

両手の人さし指をまげて、額の
前で指の先を向かいあわせて2
回ひっかくようにうごかす

マレーシア

シンガポール

ラン

シンガポールでは、国の花と
して親しまれているラン。街
のあちこちで美しいランを見
ることができる。

大きくひらいた
花びらと、
おしべをあらわすよ

両手の手首をくっつけて手の
ひらを上下に向きあわせ、下
の手の中指をたてる

インド洋

日本とのつながり

台風

台風とは、北西太平洋か南シナ海で発生し、最大風速17m以上の熱帯低気圧のこと。

風がはげしくふくようす

両手の指をひらいて図のように右上から左下へ2回いきおいよくふりおろす

日本をおそう台風は、フィリピン沖で生まれることが多い。

日本に上陸して、強い風と大雨で被害をもたらす台風の多くは、フィリピン沖のあたたかい海で発生します。上空から台風を見ると、中心に雲のない「目」があり、そのまわりの雲は反時計まわりのうずをまいていることが多く見られます。

南シナ海

フィリピン

バナナ

熱帯から亜熱帯で栽培されるバナナ。日本が輸入している80％以上はフィリピン産だ。

バナナの皮をむくよ

太平洋

左手の指をつまんで指先を上に向け、そこから右手の指先を2つの方向に長くひきおろす

ドリアン

©Uchup19©

マレーシアやインドネシアなどで収穫され、独特の強いかおりと甘さが特徴。「くだものの王様」とよばれる。

ドリアンはにおいに特徴があるよ

親指と人さし指で鼻をつまみ

果肉をひきさくようす

図のように両手の指を向きあわせて左右にはなす

インドネシア

オランウータン

©Eleifert©

東南アジアの熱帯雨林に生きるオランウータンの語源は、インドネシア語で「森の人」。

胸の前で交差させた両手を下へおろしながらひらき

指先をまげた右手で左手の甲を2回ひっかく

アジア③
南～西アジア

じゅうたん

イランで生産されるペルシャじゅうたんは、長い歴史をもち芸術性の高い高級品として愛されている。

じゅうたんがしいてあるようす

左手の甲に、図のようにした右手の甲をのせて右へうごかす

カレー

インドのカレーは、具と、とうがらしやクミンなど多くのスパイスをあわせてつくった煮こみ料理。具には豆や鶏肉、じゃがいもなどがある。

©kspoddar©

「からい!」でカレーをあらわすよ

指をまげて口に向けてまわし「カレー」

イラン

高層ビル

アラブ首長国連邦の大都市・ドバイのブルジュ・ハリファ（828m、163階）は、世界一の高層ビル。

高いビルを見あげるようす

向かいあわせた両手を上にあげ、上を見あげる

ペルシア湾

アラブ首長国連邦

サウジアラビア

日本とのつながり

石油

石油産出国からは、巨大なタンカーによって世界中に石油が輸出される。

日本にとって貴重な石油は、サウジアラビアなど、西アジアからはこばれてくる。

日本が石油を輸入している国のトップは、サウジアラビアです。そのペルシア湾の海底油田で1960年に石油の採掘に成功したのは、秋田県生まれの山下太郎でした。山下は石油のとぼしい日本に、サウジアラビアから石油をはこぶことに成功したのです。

指を少しまげた左の手のひらに、図のように右手の指先をつけ「石」

右の手のひらを髪にあててなでるようにおろし

ぬるぬる

右手の親指とほかの4本の指先をこすりあわせて「油」

登山

©Luca Galuzzi©

世界で一番高い山、エベレスト。山頂は中国とネパールの国境にあり、ネパール側から頂上をめざす登山家が多い。

幸せ

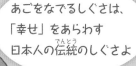

あごをなでるしぐさは、「幸せ」をあらわす日本人の伝統のしぐさよ

©Stephen Shephard©

「国民総幸福量」をあげることをめざすブータンは「世界一幸せな国」とよばれている。

指であごをなでおろしながら指をとじる

右手で左から右へ山の形をえがき

人さし指と中指を下に向け、指を交互にだしながらななめ上へあげていく

山にのぼるようす

トラ

トラはアジア大陸にすむネコ科最大の動物。絶滅が危惧されている。現在、シベリアから熱帯のジャングルにかけて6種が生息。写真はバングラデシュ原産のベンガルトラ。

トラの顔のもようだよ

インド　ネパール
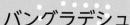
エベレスト　ブータン

バングラデシュ

両手の指をまげて、指先でひっかくようにほほから外側へひく

くじゃくが羽を広げるようす

クジャク

©JatinSindhu©

オスが大きな飾り羽をもつキジ科の鳥。インドクジャクは、あざやかな青い色が特徴。

2本の指をつまんだ左手の甲に、指を広げた右の手首をあてて右へ半回転させる

ティーバッグで紅茶を入れるよ

紅茶

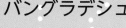

紅茶の生産量は、インドが世界1位でスリランカが2位。スリランカの紅茶はセイロンティーの名で、世界中に輸出される。

©Ji-Elle©

インド洋

スリランカ

くちびるを、右手の人さし指でさして右へひき「紅（赤）」

指を丸めた左手の上で、右手の親指と人さし指をつまんで2回おろす

17

知ろう！ デフリンピック

耳のきこえない選手のための国際的なスポーツ大会

耳がきこえないという意味の英語「DEAF（デフ）」と「OLYMPIC（オリンピック）」をつなげたデフリンピック（DEAFLYMPIC）。オリンピック・パラリンピックとおなじように4年に1度、夏季大会と冬季大会が2年ごとにおこなわれるスポーツ大会です。

競技のルールはオリンピックとおなじですが、きこえない選手のためにさまざまな工夫がされています。

2017年第23回デフリンピック・サムスン大会（トルコ）の開会式

デフリンピックの歴史

デフリンピックの第1回夏季大会は、いまから100年ちかく前の1924年8月10〜17日に、フランスのパリで開催されました。7月27日までパリオリンピックがおこなわれ、その2週間後からはじまっています。

日本が参加したのは、1965年ワシントン大会（アメリカ）から。このとき日本からは7名の選手が出場し、銀メダル1個・銅メダル1個を獲得しています。夏季でもっとも新しい大会は、2017年サムスン大会（トルコ）。108名の日本選手が出場し、獲得したメダルは金6個・銀9個・銅12個でした。

冬季大会は、1949年1月26〜30日に、オーストリアで第1回大会がおこなわれ、最近では2019年に、第19回大会がイタリアでおこなわれました。

デフリンピック
2025
開催決定

100年ちかい歴史があるデフリンピックですが、日本でおこなわれたことはありませんでした。全日本ろうあ連盟が中心となって日本開催をめざして活動をおこなってきた結果、2025年夏季大会の開催が決定しました。

ガンバレ日本

デフリンピック競技の工夫をみてみよう！

選手はきこえないため、オリンピックのような競技のスタート音や、審判の笛の音ではプレーできません。そこで、選手が目で見てわかるように、さまざまな工夫がおこなわれています。

光で知らせる！

飛びこみ台の選手は、この機械が光る合図を見てスタートします。

旗で知らせる！

オリンピックやワールドカップのサッカーの主審は笛をふきますが、デフリンピックでは旗を使って合図します。

手話で応援しよう

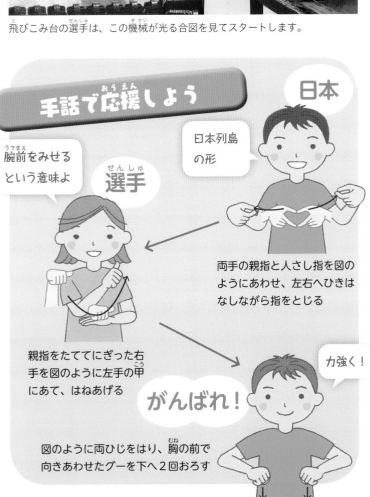

日本

日本列島の形

両手の親指と人さし指を図のようにあわせ、左右へひきはなしながら指をとじる

選手

腕前をみせるという意味よ

親指をたててにぎった右手を図のように左手の甲にあて、はねあげる

がんばれ！

力強く！

図のように両ひじをはり、胸の前で向きあわせたグーを下へ2回おろす

デフリンピック 2025 でおこなわれる競技

- 陸上
- バドミントン
- バスケットボール
- ビーチバレー
- ボウリング
- 自転車競技（ロード）
- サッカー
- ゴルフ
- ハンドボール
- 柔道
- 空手
- 自転車競技（マウンテンバイク）
- オリエンテーリング
- 射撃
- 水泳
- 卓球
- テコンドー
- テニス
- バレーボール
- レスリング（フリースタイル）
- レスリング（グレコローマン）

開催概要

開催期日：2025 年 11 月 15 日〜26 日（12 日間）／
競技数：21 競技
開催地：東京都／会場：競技会場はおもに東京都内。サッカー競技は福島県、自転車競技は静岡県で開催予定（スポーツ庁発表）

アイスランド

名物のタラの
ひげよ

親指をたててあごにつけ、
ななめ前におろす

ノルウェー

国名の頭文字の
「N」だよ

人さし指と中指をくっつけて、
胸（むね）の前で「N（エヌ）」をかくように
うごかす

スウェーデン

手のひらを下にした左手の手首
につけた右手を、ななめ上に2
回つまみあげる

イギリス

民族衣装（みんぞくいしょう）の
先のとがった
白い帽子（ぼうし）の形

 →

両手の手のひらを広げて
からだに向けて交差（こうさ）させ、
左右にひき

図のように手のひらを下に
向けた両手で2回おさえる
ようにする

オランダ

デンマーク

両手の指をのばして頭につけ、
すぼめながら左右にひく

右手の親指と人さし指・中指を
のばして左胸（ひだりむね）の前に横向きにお
き、ゆらしながら右にうごかす

スペイン

親指と人さし指をつまんで左胸（ひだりむね）に
指先を向け、指が上にくるように
手首をかえす

フランス

親指と人さし指で輪（わ）をつくり、
胸（むね）の前で左から右にうごかす

イタリア

長細い
国の形ね

ひらいた親指と人さし指を、
ゆらしながらおろす

バチカン

親指・人さし指・中指の指先を
上に向けてたて、からだの前で
タテ・ヨコの順（じゅん）に十字をきる

フィンランド

人さし指を軽くまげて、あごに2回つける

ロシア

右手の人さし指をのばし、口の前で右から左にうごかす

ウクライナ

右手の人さし指をまげて親指をつけ、口の前で左から右にうごかして下におろす

ベルギー

手のひらを左に向けた右手を図のように口の端におき、前にだす

ドイツ

人さし指をのばして額のまん中につける

国旗の十字ね

スイス

右手の親指と人さし指をまげて、左胸の前でタテにうごかしたあと十字になるようにヨコにうごかす

オーストリア

両手の人さし指をのばして手首で交差させ、指をまげたりのばしたりする

ギリシャ

のばした左手の人さし指に、右手の人さし指を上から2回あてる

チェコ

手のひらを上に向けてあごにつけ、手首をまわしたあと、手の甲をあごにつける

ハンガリー

人さし指をまげて親指をつけ、口の前から前方下へうごかす

ブルガリア

指を軽くまげて鼻の前におき、にぎりながら前方下へうごかす

21

ヨーロッパ①
北ヨーロッパ

サケ

ノルウェーでは、サケの養殖がさかんにおこなわれている。日本への輸出量も多い。

縄にぶらさげてサケをほしているところ

左手をにぎり、たてた右手の指先をその下にあて半回転しながらおろす

氷河

©Andreas Tille©

フィヨルドやアルプス山脈の深い谷など、ヨーロッパの地形は氷河の侵食作用によってつくられた。アイスランドは国土の約1割が氷河におおわれている。写真の氷河湖など、さまざまな氷河が見られる。

左手は氷、右手は氷が流れるようす

アイスランド

図のように左手をかまえ、指先を左手に向けた右手を波うたせながら左から右へうごかす

大西洋

ピーターパンの海賊の親分、フック船長の眼帯と、カギの手をあらわすよ

海賊

9～11世紀にかけて、ノルウェーをはじめ、北ヨーロッパに住むバイキングとよばれる武装した人たちが、船に乗って海賊のように西ヨーロッパ沿岸をあばれまわった。

人さし指をおりまげて目にあて、ななめ下へひく

日本とのつながり

賞

©Kevin Pluck©

ノーベル賞は、ダイナマイトの発明者ノーベルの遺言ではじまった、物理学、化学、生理学・医学、文学、平和、経済学の6部門でおくられる賞。

「ノーベル」は指文字であらわすよ。調べてみよう

左の手のひらを上に向け、指をおりまげた右手をのせて、判をおすしぐさをする

アジアでもっとも多くのノーベル賞受賞者がいる国は、日本。

日本ではじめてノーベル賞を受賞したのは、1949年、物理学賞の湯川秀樹博士。それ以来、受賞者の数はふえ、2020年の時点で25人の日本人（日本出身・日本国籍）が受賞しています。
授賞式は毎年12月に、スウェーデンの首都ストックホルムでおこなわれます（平和賞はノルウェーのオスロ）。

オーロラ

北極、南極地域で見られる大気の発光現象、オーロラは、人々をとりこにする美しさ。

©Tarja Mitrovic©

地球の上空でオーロラがゆれうごくようす

指を丸めて「地球」をあらわした左手の上を、右手の指をたててゆらしながら左から右へうごかす

北極

北極海

北極海をふくむ、地球の最北点・北極点の周辺地域。ホッキョクグマがくらしている。

地球の上（北）のほうをさすよ

左手を丸めて「地球」をあらわし、その内側から、右手の人さし指をあげる
※38ページの「南極」とくらべてみよう

サンタクロース

赤い服を着てトナカイのソリに乗って子どもたちにプレゼントをくばるサンタクロース。フィンランドには、サンタクロース村がある。

サンタクロース村 ●

右手は口ひげ。左手は大きなふくろをかついでいるよ

にぎった左手を図のようにかまえ、右手をあごにつけてにぎりながらおろす

スウェーデン

フィンランド

ノルウェー

童話

「裸の王様」「人魚姫」「雪の女王」などの有名な童話で知られるアンデルセンは、デンマークの作家。写真はデンマークの首都コペンハーゲンにある人魚姫の像。

「子ども」と「話」をあわせた表現よ

ひらいた両手の手のひらを向きあわせて、口の前で交互に前後にうごかす

スキージャンプ

©MorganGoodwin©

スキージャンプで着地するときの姿勢「テレマーク」は、発祥の地ノルウェーの地名。

とぶようす

右手の人さし指と中指をたてて左手の甲にのせ、前へ山形をつくりながらだす

デンマーク

● コペンハーゲン

ワッフル

©cipher©

格子模様のついたワッフルは、ベルギーの伝統的なお菓子。日本でも大人気。

食べるようす

王

©Diliff©

300年以上の歴史があるロンドンのバッキンガム宮殿には、約1000年の歴史をもつイギリス王家が住む。

親指をたてて
上にあげる

イギリス

ワッフルのもようを
つけて焼くよ

両手で指文字「わ」をつくり、手のひらを上に向けた左手の人さし指側に右手を図のようにたててからおろして

指先をつまんで口に
2回ちかづける

オランダ
● キンデルダイク

ロンドン ●

ベルギー

パリ

フランスの首都パリにそびえる観光名所、エッフェル塔の高さは324m。

エッフェル塔の形で
「パリ」をあらわすよ

パリ
●

チョキをとじた両手を向きあわせ、エッフェル塔の形のようにあげていく

フランス

美術館

パリのルーブル美術館には有名な「モナリザ」をはじめ、38万点をこえる貴重な芸術品などがおさめられている。

絵がならんで
いるようす

図のように右手の指の背を左の手のひらにあて、右へずらしながら空間を2回たたき

両手で四角い建物の形を
えがく

チューリップ

花びらのようす

オランダでは4月から5月はじめにかけて、国の花・チューリップがさきみだれる。

たてた左手を右手でかこむように前からうしろへうごかす

風車

©Herrick©

風車の羽根の形

低地が広がるオランダでは、風車で水をくみ流し、土地を干拓してきた。現在も1000基以上の風車がのこる。キンデルダイクの風車は世界遺産。

両手をチョキにして手首で交差させ、指先をななめに上下する

ドイツ

ソーセージ

©BiserTodorov©

太いソーセージの形

ヨーロッパ各地で古くからつくられてきたが、とくにドイツが有名。ドイツには、約1500種類ものソーセージがある。

左手をにぎり、その横にゆるく丸めた右手をおいて右へうごかしながらにぎる

城

©Softeis©

ドイツには美しい城がいくつものこっている。写真は、東京ディズニーランドのシンデレラ城のモデルとして有名なノイシュヴァンシュタイン城。

両手の人さし指をまげて向かいあわせる

ノイシュヴァンシュタイン城

アルプス山脈

日本とのつながり

アルプス

高い山がつらなるようす

スイスなど7か国にまたがる雄大なアルプス山脈。4000m級の山々がつらなる。

両手で山形を2つつくり、右手だけ上下させながら右へうごかす

日本アルプスの名付け親はイギリス人宣教師。

日本の中部地方にある飛驒山脈、木曽山脈、赤石山脈の3つの山脈は、「日本アルプス」とよばれています。ここに「アルプス」の名前をつけたのは、ヨーロッパの山をよく知るイギリス人宣教師、ウォルター・ウェストン。登山家として日本各地の山々をおとずれたウェストンは、登山の楽しさを日本人に伝え、日本の山の魅力を世界に伝えました。長野県の上高地には、ウェストンの碑があります。

ヨーロッパ③

南ヨーロッパ

パスタ

©Popo le Chien©

イタリアのパスタは種類が豊富。ローマやナポリなど、地域によって味もことなり、太さや長さもさまざまだ。

フォークでパスタをまくようす

3本の指を下に向けて、半回転をくりかえす

ワイン

ぶどうの果汁を発酵させたお酒。フランスをはじめ、ヨーロッパ各地でワインづくりがさかん。

グラスをまわしてかおりをかぐよ

©André Karwath aka©

図のように3本の指をたて「W」の形にして口もとで水平にまわす

ローマ

イタリアの首都・ローマには、コロッセオなど古代ローマ帝国時代の遺跡や、中世の教会などがのこり、街全体が世界遺産になっている。

ローマは交易の十字路

チョキをとじた両手を交差させて、軽く2回たたく

イタリア

バチカン市国
●ローマ

スペイン

オリーブ

©Rodrigo Nuno Bragança da Cunha©

イタリア料理やスペイン料理に欠かせないオリーブ。生産量はスペインが世界一。

手のひらで髪をなでおろしてから指文字「お」をつくり

オリーブの実を髪にかざるよ

そのまま手を髪にあてる

地中海

地中海

©emmequadro61©

ヨーロッパとアフリカにかこまれた海。気候は温暖で、雨は少ない。古くからさまざまな文明がさかえた。

左手はヨーロッパ(Europe)の「E」、右手はアフリカ大陸をあらわしているよ

上に左手で指文字「え」をつくり、その下に右手の指を下にたらすようにおき

左手はそのままで、右手を図のように波うたせながら左から右へうごかす

教会

ローマの中にある世界最小の国、バチカン市国には、世界最大級のキリスト教会であるサン・ピエトロ大聖堂がそびえる。

十字架よ

両手の人さし指を交差させて「+」の形をつくり

両手の指先をつけてななめにかまえる

教会の屋根の形

ピザ

©Valerio Capello©

日本人も大好き、トマトとチーズがのったマルゲリータピザは、イタリア南部で生まれた。ピザも地域ごとに生地や味つけがことなる。

親指と人さし指でピザをはさんでもつしぐさをして、口もとから前へだす

マラソン

©Hammer of the Gods27©

紀元前5世紀のペルシャ（イラン〜トルコ）との戦争に勝ったことを報告するために、マラトンからアテネまでひとりの兵士が走ったという伝説からマラソンが生まれた。

「遠い」と「走る」で「マラソン」よ

両手を図のようにあわせ、右手だけ弧をえがきながら前へだし「遠い」

両脇をしめて両手のグーを同時に上下して「走る」

ギリシャ

マラトン ●
アテネ ●
オリンピア ●

日本とのつながり

オリンピック

©Matêj Batha©

古代オリンピックは、ギリシャのオリンピアで紀元前776年から約1200年つづき、近代オリンピックは1896年にアテネで第1回大会がひらかれた。

オリンピックのシンボルの輪のイメージ

③ ② ①

両手の親指と人さし指で輪をつくり、その2つの輪をつなぐ動作を上下の手をいれかえながら左から右へ3回おこなう

日本でおこなわれるオリンピックも、聖火はギリシャのオリンピアからやってくる。

オリンピックの聖火は、ギリシャの古代オリンピア遺跡で、太陽の光を凹面鏡で集めて火をつけ、開催地まではこばれます。オリンピックが日本でおこなわれるときは、聖火はギリシャから航空機で日本にはこばれ、国内をリレーして聖火台に点火されます。聖火とよばれるのは、オリンピアで採火された火だけです。

ヨーロッパ④
東ヨーロッパ

ガラス

高い透明度とかたさをもつボヘミアガラスは、チェコの伝統産業。世界で人気の高級品だ。

とじたチョキを横にして目の前におき、指の間をひらく

ナマズ

ハンガリーにはさまざまなナマズ料理がある。白身はあっさりとした味。

なまずのひげだよ

両手の人さし指をまげて指先を鼻の下につけ、指をまげのばししながら少しずつはなす

チェコ

ハンガリー

バラ

「バラの谷」とよばれる広大な地域で栽培される、ブルガリア名産のバラ。バラから、ローズオイルという、かおりのよい油がとれる。

©Anton Lefterov©

バラの花を口にくわえるようす

つまんだ右手の指先を図のように口の左側につけ、指先をひらきながら左へまわす

ヨーグルト

©Schwäbin©

ヨーロッパではさまざまな地域でヨーグルトがつくられている。日本で有名なのは、ブルガリアのヨーグルト。

ブルガリア

「ミルク」を口の前でまわして「ヨーグルト」

中指をもりあげたグーを、口に向けてまわす

人形

マトリョーシカは、人形が何層にもかさなってつくられたロシアの民芸品。あけてもあけても次々と小さな人形がでてくるつくりは愛らしい。

だきかかえた人形をあやすように両手をうごかす

ロシア

空中ブランコの動きね

サーカス

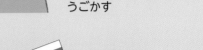

©El Pantera©

ロシアの豪華なボリショイサーカスは、世界でも有名だ。

ウクライナ

左手の人さし指に指先をまげた右手の人さし指と中指をのせて、左右に大きくゆらす

ダンス

©Mykola Vasylechko©

黒海

コサックダンスは、ウクライナの伝統的なおどり。腰を低くして腕を組み、足をあげておどる、独特なダンス。

リズミカルな足の動きをあらわすよ

左の手のひらの上で、右手のチョキを下向きにたてて左右にふる

日本とのつながり

フィギュアスケート

氷の上でまわるようす

ヨーロッパ発祥のフィギュアスケート、いまや日本で大人気。

©Vesperholly©

オランダやイギリスではじまり、ロシア、アメリカ、日本などへ広がったフィギュアスケート。

左の手のひらに中指ものばした右手の人さし指をつけてまわす

フィギュアスケートは、世界中で愛されるウインタースポーツです。日本とロシアではとくに人気があります。この2つの国、オリンピックでの成績もにています。日本は2014年ソチ大会の男子シングルで金メダル1個、2018年平昌大会では金メダルと銀メダルを獲得。ロシアはソチ大会の女子シングルで金メダル1個、平昌大会では金メダルと銀メダルを獲得しています。

29

世界をつなぐ
自然のことば

世界の国々をまたいで、地球全体に広がる大きな自然。さまざまな自然をあらわす手話は、そのもののようすをとらえた表現がたくさんあります。

地球

大気が地球をとりまいているようすよ

丸めた左手（地球）のまわりを、右の手のひらでつつみこむように上からまわしておろす

空

広〜い空をあらわしているよ！

指を広げた手のひらを空に向けて大きく弧をえがく

砂漠

左手の指先をこすりあわせ、ふせた右手を水平に右へうごかす

山脈

山がつらなっているようすね

右手で左から右へ山の形をいくつもえがく

海

これは「しょっぱい」という手話

波の手話だよ

たてた右手の小指をくちびるにあて、右へ少しうごかし

ふせて指を前に向けた右手を、波うつように右へうごかす

とめよう！地球温暖化

地球温暖化

いま、世界各地で、これまでにないはげしい雨がふったり、極地の氷がとけて海面の高さがあがったり、いろいろな変化がおきています。人間の活動が地球温暖化をひきおこし、自然環境に影響をあたえているのです。ひとりひとりがふだんの行動に気をくばり、地球温暖化が進まないよう、自然を守っていかなければなりません。

あたたかさが、地球全体をとりまくようすをあらわしているよ

両手の手のひらを、おなかからあおるようにあげる動きをくりかえし

丸めた左手（地球）のまわりを、右の手のひらでつつみこむようにまわす

左手は陸地、右手は広大なようすをあらわしているよ

森

木がいっぱい生えているようすね

川

漢字の「川」ね

大陸

ふせた左手の上で、右手で水平の円をえがく

両手の手のひらを自分側に向けて指の間を広げ、交互に大きく上下しながら左右にはなす

3本の指をのばし、下へ向けて「川」

雨

両手の指を広げて指先を下に向け、上から下へおろす

雲

頭の高さに両腕をあげ、指を丸めて向きあわせ、同時に左にうごかす

カナダ

手をグーにして、胸に
2回あてる

アメリカ

両手の指を組みあわせて、
からだの前で左まわりに
まわす

メキシコ

帽子の
ソンブレロ
の形

人さし指と中指を額につけ、手
首をかえしながらななめ上へは
ねあげる

グアテマラ

左手をグーにして、親指と
人さし指・中指をのばした
右手で上から2回たたく

コスタリカ

右手で「C」の形をつくって
左から右にうごかし

人さし指に中指をひっかけて
下におろす

キューバ

手のひらを下に向けた右手の
親指を額につけ、手をまわし
て甲を額につける

オーストラリア

カンガルーが
とびはねる
ようす

両手の親指と中指で輪をつくり、
前にうごかしながら手を広げ、
着地するように上からおさえる

ニュージーランド

たてた左の手のひらに、
右手の人さし指と中指
をあてて下におろし

右手をおりまげて親指
以外の4本の指先を左
手にあてる

フィジー

右手の人さし指と中指をこめか
みに向け、指先をまわしながら
右へうごかす

ジャマイカ

ふせた左手の指先に、右の
手のひらをつけ

右手を左手の指先にそって
小指側へまわす

ドミニカ共和国

のばした人さし指に中指をか
け、指先をこめかみにつけ

人さし指をのばして、ほか
の指と輪をつくった親指を
あごにつける

パナマ

両手の指先をつけ、指先を
前に向けるように2回うご
かす

コロンビア

国名の
頭文字の
「C」ね

指を丸めて「C」の形を
つくり、手首をひねって
2回まわす

エクアドル

赤道の上に
国がある
ようす

ふせた左手の上で、右手の指
文字「え」を左右にうごかす

ブラジル

親指をまげた右手を、人さし指
を自分側にして額の前にたて、
ゆらしながらおろす

ペルー

チョキの形をつくり、頭の
右上に2回あてる

チリ

左胸の前で、右手の中指で
親指を2回はじく

アルゼンチン

軽く指をひらいてまげた
右手を、右胸の前で2回
下におろす

33

アメリカ①
北アメリカ

アイスホッケー

©David©

カナダ人が大好きなスポーツ、アイスホッケー。カナダチームは冬季オリンピックに22回出場し、9個の金メダルを獲得している。

両手の指を前に向けて、交互にななめ前にだし

→

スティックでパックをうつようす

指先を前に向けた左の手のひらの上で、人さし指をまげた右手を右から左にすばやくうごかす

カナダ

太平洋

ラッコ

©Mike Baird©

おなかの上で貝をたたいて割るしぐさが愛らしいラッコ。カナダなど、北太平洋の冷たい海にすむ。

貝をたたき割るしぐさ

胸の前で両手をにぎり、指の部分をあわせて2回たたく

ビーチ

ダイヤモンドヘッドのながめも雄大なハワイ・オアフ島のワイキキビーチ。世界中から観光客がおとずれる。

浜辺の波うちぎわのようす

左手をふくらませてふせ、その指先を右手の指でこすりあげ、またもどす

火山

ハワイ島のキラウェア火山では、現在もさかんな噴火活動がつづいている。

ハワイ
（アメリカ）

火口から噴煙がのぼるようす

丸めた左手の間から、図のように右手をまわしあげ

→

右手で山の形をえがく

34

滝

「眠らない街」、「ビッグアップル」などさまざまなニックネームをもつ、世界の経済の中心地。

高いビルが
たちならぶ
ようす

両手の人さし指をちかづけてたて、交互に上下させながら少しずつ外側へはなす

カナダとアメリカの国境地帯に流れ落ちる北アメリカ大陸最大の滝、ナイアガラ。

この手話の前に「アメリカ」の手話（→5ページ）をつけるともっとよく伝わるよ

自由の女神像

滝が流れるようす

左手をふせて横向きにおき、右手を指先が前になるようにのせて、下へ向けておろす

ハンバーガーを
食べるようす

親指側を上にした右手のグーを高くあげ、左手で本をかかえるかっこう

右手にたいまつ、左手にアメリカの独立記念日である「1776年7月4日」ときざまれた銘板をもった、ニューヨークにある自由の女神像。1876年にフランスからおくられた。世界遺産。

ハンバーガー

アメリカ

バンズの間に肉や野菜をはさんだハンバーガーは、アメリカ人が大好き。

● ナイアガラの滝

● ニューヨーク

両手の指先をつまんで口もとにちかづける

大西洋

地球のまわりだよ

日本とのつながり

宇宙

フロリダ州にあるNASA（アメリカ航空宇宙局）の基地、ケネディスペースセンター。

丸めた左手（地球）をつつみこむように、右手を上から下へまわし、前からうしろ（自分側）へまわす

アメリカのケネディスペースセンターから、多くの日本人宇宙飛行士が宇宙へとびたった。

日本人宇宙飛行士は12人（2021年2月現在）。そのうち7人が、ケネディスペースセンターから宇宙へとびたちました。2020年には、野口聡一さんが民間の宇宙船「クルードラゴン」で宇宙にとびたち、国際宇宙ステーションで約半年間滞在しています。

35

アメリカ②
中央アメリカ

帽子

©Ute Hagen©

つばが広く頭の先がとがったメキシコの伝統的な帽子ソンブレロ。麦わらやフェルトなどでつくられる。

帽子を
かぶる
しぐさ

両手の親指と人さし指を向きあわせ、頭の両脇で同時におろす

サボテン

メキシコを中心とした、中央アメリカの乾燥地帯に育つサボテン。するどいトゲが特徴。

サボテンの形

両手の親指のつけ根を、逆の手の人さし指に交互につけてあげていく

隕石

約6600万年前に直径10〜15kmの大きな隕石が落ちたとされる跡が、メキシコ・ユカタン半島にある。この隕石の落下による気候の変化で、恐竜が絶滅したという説がある。

メキシコ

メキシコ湾

右手の親指と人さし指で輪をつくり、たてた左手の指先にあてる

コーヒー

©Julius Schorzman©

スプーンで
かきまわすよ

中央アメリカや南アメリカでは、コーヒーの栽培がさかん。ジャマイカのブルーマウンテンは有名。グアテマラなど、国名のついたコーヒーの種類も多い。

ユカタン半島

グアテマラ

太平洋

丸めた左手の上で、右手の親指と人さし指をつまんで下に向け2回まわす

日本とのつながり

野球

©Ludahai©

キューバは、日本のプロ野球やメジャーリーグに多くの選手をおくりこんでいる野球大国だ。

両手でバットをふるしぐさ

アメリカ発祥の野球は、日本やカリブ海の島国で大人気。

野球はアメリカとカリブ海周辺の国々、そして日本、韓国、台湾がつねに世界の上位をしめています。WBC（ワールド・ベースボール・クラシック）では、優勝は日本が2回、ドミニカ共和国が1回、アメリカ1回。準優勝はプエルトリコが2回、キューバと韓国がそれぞれ1回となっています。

島

メキシコ湾の南から大西洋にかけての海が、カリブ海。島の数は多く、もっとも大きいキューバから小さな無人島まで、その数は7000をこえる。

右の手のひらを上に向け、左手の指をおりまげて小指と小指をくっつけるようにおき

右手を左手の指にそわせながら親指側へまわす

陸上競技

©Fernando Frazão©

ジャマイカは陸上短距離走が強い。写真は2016年のリオデジャネイロオリンピックで金メダルをとった、男子4×100mリレーのチーム。右から2人目はウサイン・ボルト。

キューバ

カリブ海

ジャマイカ

ドミニカ共和国

カブトムシ

大きいもので体長18cmをこす世界最大のカブトムシ、ヘラクレスオオカブト。コスタリカなど、中央アメリカにすむ。

カブトムシのツノの形だよ

おりまげた人さし指と中指を額におく

手のひらを下に向けて水平に円をえがき「トラック」

両手の親指をたてて交互に前にだして「競技」

コスタリカ

パナマ運河

パナマ

岸にそって水が流れるようす

運河

©Stan Shebs©

全長80kmのパナマ運河は、太平洋と大西洋をつなぐ重要な航路。

図のように、指先をからだに向けて丸めた右手を、左手にそって波うたせながら前へうごかす

アメリカ ③
南アメリカ

ガラパゴス諸島
（エクアドル）

コロンビア

エクアドル

ペルー

イグアナの
トサカね

歩くようす

イグアナ

©RAF-YYC©

まるで恐竜のように見える、ガラパゴス諸島にのみ生息するウミイグアナ。ガラパゴス諸島には、ほかにも多くの固有種がすんでいる。

指を広げた右手を、頭にそって前からうしろへうごかし

指をまげた両手を下に向けて、右手から交互に前にだす

とうもろこし

©David Adam Kess©

ペルーやボリビア、チリのアンデス地方では、白い色をしたジャイアントコーンが食卓にならぶ。1つぶの大きさが2cmほどもあり、スープに入れたり、肉料理にそえたりする。

両手をにぎって口の両脇におき、同時にまわして口をパクパクする

石像
（モアイ像）

イースター島には、モアイ像とよばれる、人の顔が彫られた大きな石像がたくさんたっている。なぞの多い世界遺産だ。

イースター島
（チリ）

太平洋

少しまげてたてた左の手のひらに、指をまげた右手の指先をつけ「石」

左手にもった素材を、右手の彫刻刀でほるしぐさをして「彫刻」

両手を向きあわせ、矢印のように下へおろして「像」

「モアイ」は指文字であらわすよ。調べてみよう

日本とのつながり

南極

©Andrew Mandemaker©

広大な南極大陸は、1959年に「南極条約」により、どの国の領土でもないときめられた。

23ページの「北極」とくらべてみてね

左手を丸めて「地球」をあらわし、その内側から、右手の人さし指をさげる

日本は1957年1月、南極にはじめて「昭和基地」をたてた。

日本は南極に、昭和基地、みずほ基地、あすか基地、ドームふじ基地の4つの基地をもっていて、天体・気象・地球科学・生物学の観測をおこなっています。もっとも大きい昭和基地には67棟の建物、貯水タンク、アンテナ施設など、たくさんの施設が配備されています。毎年、南極観測船「しらせ」が、観測隊員や物資の輸送をおこなっています。

38

カーネーション

©Sandstein ©

1日の寒暖差が大きいため、あざやかな色になるコロンビア産のカーネーション。日本は1年間に約2億本もコロンビアから輸入している。

花がひらくようす

左手の指先をつまんで上に向け、その上におなじようにつまんだ右手をおいて広げる

ブラジル

サッカー

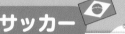

©Reto Stauffer©

ブラジルでもっともさかんなスポーツ、サッカー。カナリア色のユニフォームをまとったブラジル代表は、国民のほこりだ。

ポールをけるよ

左手の親指と人さし指で輪をつくり（ボール）、右手の人さし指と中指を下に向けて人さし指でけるしぐさをする

大西洋

森

©Neil Palmer/CIAT©

世界中の熱帯雨林の約半分をしめるアマゾン川流域に広がるジャングルには、たくさんの生き物がすんでいる。

木々が生いしげるようす

両手の手のひらを自分側に向けて指の間を広げ、交互に大きく上下しながら左右にはなす

カーニバル

©Agência Brasil Fotografias©

ブラジルのリオデジャネイロで、毎年盛大におこなわれるカーニバル。はなやかな衣装と陽気な音楽・リズムで、多くの人がおどり楽しむ。

楽しいお祭り！

両手で指文字「か」をつくり、頭の横でまわす

ペンギン

アルゼンチンのパタゴニア地方や南極大陸など、南半球に広くすむ。写真は南極大陸沿岸などに生息する世界最大のペンギン、コウテイペンギン。

ペンギンが歩くようす

両手の手のひらを下にして指先を前に向け、交互に上下にうごかす

南極半島

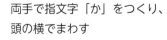

39

オセアニア

グアム

パパイヤ

つるをつけた
パパイヤの形よ

グアムなど熱帯の島々は、パパイヤやマンゴーなどさまざまな南国フルーツの宝庫。

左手の人さし指を上に向け、指先をつまんだ右手を左手のうしろから前へまわす

ヤシの実

©Forest & Kim Starr©

ヤシの実と、大きくひらいた葉の形

南太平洋の島々の海岸にならんでたつ、大きな実をつけたヤシの木。ココヤシの実には、ココナッツジュースが入っている。

左手の指先をつまみ、ひらいた右手をその上にのせて下へたらす

パプアニューギニア

グレートバリアリーフ

コアラ
©JJ Harrison©

両手の人さし指と中指・薬指で、木にだきつくようなしぐさをする

カンガルーとならんでオーストラリアを代表する動物、コアラ。ユーカリの葉を食べる。

カンガルー

オーストラリア

ぴょんぴょん
はねて走るよ

おなかのふくろで子どもをそだてるカンガルー。世界最大のアカカンガルーは、オーストラリアの固有種。まっすぐにたつと高さ2mにもなる。

右手で指文字「き」をつくり、はねながら前へうごかす

ヒツジ

ニュージーランドではヒツジの数が人の数より多いといわれている。

ヒツジの丸いツノの形ね

両手の人さし指をたて、こめかみに向けて円をえがく

日本とのつながり

熱帯魚

オーストラリアのグレートバリアリーフは、世界最大のサンゴ礁。さまざまな熱帯魚が泳ぐ。

指を丸めた左手の中指にそって右手の人さし指を前から自分側へまわし「熱帯」

右手を横にしてゆらしながら左へうごかして「魚」

たくさんの日本人観光客がおとずれるサンゴ礁には、きれいな熱帯魚がいっぱい。

オーストラリアの北東の海には、グレートバリアリーフという広大なサンゴ礁が広がっています。その大きさは、日本列島がすっぽりはいってしまうほど。世界遺産に登録され、きびしく保護されていますが、一部のエリアではダイビングが楽しめます。日本人もたくさんおとずれています。

サメ

©Jeff Kubina©

フィジーなどの島々では、ダイビングでサメを見ることができる。

おなか側にある口がうごくよ

左の手のひらの下に右手の甲をくっつけ、右手の親指とほかの指を数回とじる

フィジー

鳥のキウイが果物をつくところだよ

キウイフルーツ

中国が原産地のキウイフルーツだが、名前はニュージーランドのキウイという鳥にちなんでつけられた。

左手の指先をつまんで上に向け、右手の親指と人さし指で2回ついて左手を前にだす

ラグビー

©unofficialenglandrugby©

ニュージーランド

ラグビー王国ニュージーランドの代表チームは「オールブラックス」とよばれる。ワールドカップでは、9回中3回の優勝をほこる。

両手を胸の前で向きあわせ、図のようにラグビーボールをえがくようにうごかし

ボールをわきにかかえて走るしぐさをする

世界の国の名前 アフリカ

モロッコ

ヒジャブ※で
顔をかくす
ようす

※ヒジャブはイスラム
教徒の女性が頭など
をおおう布。

両手を図のように2回
顔にちかづける

アルジェリア

両手の親指と小指をのばし、
胸の前で向かいあわせて2
回上下にふる

リビア

手のひらで右のほほを下へ
2回なでる

ギニア

下向きにした左の手のひらを、
親指と人さし指を平行にのばし
た右手の甲で2回こすりあげる

カメルーン

国名の
頭文字の
「C」ね

ふせた左手の上で、「C」の
形にした右手を左まわりに2
回まわす

ケニア

右手の親指を人さし指の腹につけ
るようにしてにぎり、右肩に向
かってうしろに2回ふる

※ここでは、その国で使われている手話表現を紹介しています。
※本書に登場する国を中心に、国名手話のあるおもな国をのせています。

エジプト

ピラミッドの形ね

両手の指先をつけて山をつくり、ななめ下へおろす

ウガンダ

マウンテンゴリラがいるよ

手のひらを上にした左手を、のばした右手の親指と人さし指で2回たたく

ルワンダ

両手をグーにして胸を交互に2回たたく

タンザニア

親指と人さし指をのばし、顔の前から「Z」をかくようにうごかす

ボツワナ

手のひらを左に向け、親指をまげてたてた右手を顔の前におき、前後にふる

ジンバブエ

指文字「こ」をつくり、指先を前に向け、顔の横でいきおいよくうしろにひく

ナミビア

人さし指だけまげた右手を、指先を下に向けて2回おろす

南アフリカ共和国

アフリカ大陸の形よ

右手を前向きににぎり、胸の前でさげ　右手の指をひらきながら右にまわし、下におろしてにぎる

アフリカ①
アフリカ北部

モロッコ

砂漠

アフリカ大陸のおよそ3分の1をしめるサハラ砂漠。永遠につづくかのような砂の世界だ。

左手は砂を、右手は地平線をあらわすよ

左手の指先をこすりあわせ、ふせた右手を水平に右へうごかす

ラクダ

©Jjron©

アルジェリア

絶滅の危機にひんしているヒトコブラクダの故郷は、東アフリカと西アジア。

背中にコブがあるようす

左手をのばし、右手のつまんだ指先を場所をずらして2回のせる

モーリタニア

サハラ砂

ヘビ

©Tigerpython©

たてた親指はヘビの頭ね

毒はないが、ヤギやイノシシなど大型の動物を丸のみすることもある、巨大なアフリカニシキヘビ。

親指をたてて少し内側にたおし、クネクネさせながら前へうごかす

カメルーン

日本とのつながり

タコ

日本が輸入するタコのおよそ70%は、モロッコとモーリタニアの海でとれたもの。

モーリタニアとモロッコからは、たくさんのタコが長い旅をして日本に輸出される。

もともとモーリタニアには、タコを食べる習慣や漁の技術はありませんでした。JICA（国際協力機構）の専門家・中村正明さんが、モーリタニアでよいタコがとれることを発見。現地でたこつぼ漁などの漁の技術と輸出の指導をおこない、日本への輸出につなげたのです。

タコの丸い頭と足ね

右手の指先をつまんで左手の甲にのせ、左手の指をゆらす

ネコ

©Sonelle©

リビアヤマネコは、世界中で飼われている家猫の起源といわれている。アフリカヤマネコともよばれ、アフリカ北部の砂漠などにすむ。

リビア

右手をにぎって親指側でほほをなでる

ギザ ●

エジプト

ピラミッド

©Ricardo Liberato©

ピラミッドの形だよ

約4500年前にたてられた、エジプトのギザの大ピラミッド。当時の王の墓だ。

両手の指先をつけて山をつくり、ななめ下へおろす

ミイラ

包帯がまかれているようす

古代エジプトでは、死者を復活させるために死んだ人のからだをミイラにして後世にのこした。遺跡からは、ネコやワニなどの動物のミイラも見つかっている。

両手で指文字「み」をつくり、図のように指をとじながら外側へうごかす

ゴリラ

ウガンダ、ルワンダなどの中央アフリカの森林に生息するマウンテンゴリラ。法律できびしく保護されているが、その数はへっている。

② ①
① ②

両手をにぎって胸を交互にたたく

ワニ

©Dewet©

ワニが大きな口をあけるようす

人間をおそうこともある凶暴なナイルワニだが、古代エジプトでは神とあがめられた。サハラ砂漠と南端部をのぞくアフリカ全土に生息。

両手の手のひらをあわせ、図のように右手を上下する

ウガンダ

ケニア

ルワンダ

アフリカ②
アフリカ南部

コンゴ民主共和国

ダチョウ

©Bernard DUPONT©

アフリカに広く生息する世界最大の鳥・ダチョウは、とべないかわりに猛烈なキック力をもつ。

首の長いダチョウが頭をふって歩くようす

左手の甲に右ひじをのせ、右手の指を前に向けて前後にうごかす

ヒョウ

©Martina Blersch©

おもにアフリカ中部に生息するヒョウ。黄色と黒の美しい毛皮が密猟者にねらわれることが多く、数はへっている。

両手の指をまげて胸につけ（からだのもよう）、すばやく両手を前へだしてとびかかるようす

チーター

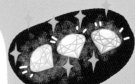
©Malene Thyssen©

時速110kmと、地球上でもっとも速く走る動物チーター。絶滅危惧種で、アフリカのサバンナ（熱帯草原）地域に生息する。

速く走るようす

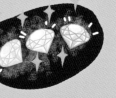

両手の指をおりまげ前後にかまえ、図のように2回すばやくうごかす

ダイヤモンド

ボツワナ

ボツワナのダイヤモンドの生産量は、ロシアについで世界2位。宝飾用のダイヤモンドとしては世界1位だ。

指輪のダイヤが光っているよ

左手の甲に指先をつまんだ右手の甲をのせて2回ひらく

南アフリカ共和国

金

南アフリカ共和国は、約15年前まで世界最大の金の産出国だった。しかし最近は、中国、オーストラリア、ロシアなどにぬかれてしまった。

親指と人さし指で輪をつくって前に向け、左右にまわすようにふる

タンザニア

ジンバブエ

カバ

©Bernard DUPONT©

カバは陸上動物だが、表皮がうすく乾燥に弱いため、水中にいることが多い。サハラ砂漠よりも南に生息。絶滅危惧種。

カバが大きな口をあけるようす

両手の指をおりまげて左手を下にしてあわせ、右手を上下する

サイ

アフリカ東部と南部にすむのはクロサイ（写真）とシロサイ。近年、ツノを目的とする密猟が多く、絶滅の危機にひんしている。ジンバブエなどでは保護活動がおこなわれている。

サイのツノよ

人さし指をまげて上に向け、右手首を鼻にあてる

キリン

©Eric.dane©

キリンの顔と長い首よ

図のように左手で右腕をにぎり、右手の親指と人さし指と中指を前へのばす

サハラ砂漠や熱帯雨林をのぞくアフリカに広くすむキリン。長い首だけでなく、高所の葉を食べるために発達した犬歯と長い舌も特徴。

日本とのつながり

ライオン

©Kevin Pluck©

「百獣の王」ライオンは絶滅危惧種。その多くはアフリカ大陸に生息している。

たてがみの形

両手の指先をまげて頭の上から顔にそってギザギザにおろす

獅子は守り神として日本に伝わり、狛犬やシーサーになった!?

古代より、ライオンは「強さ」をあらわすシンボルでした。エジプトにある人の顔をしたライオン「スフィンクス」は、ピラミッドに眠る王をまもる役割をもっています。強い守り神・ライオン（獅子）のすがたは日本にも伝わり、狛犬や沖縄のシーサーになったという説もあります。

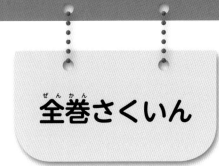

全巻さくいん

1～4巻にでてくるおもな手話の表現を集めました。❶～❹の数字は巻数、それにつづく数字はページです。

●監修　一般財団法人全日本ろうあ連盟

1947年に創立した、全国47都道府県に傘下団体を擁する全
国唯一のろう者の当事者団体です。
その目的は、ろう者の人権を尊重し文化水準の向上を図り、
その福祉を増進することです。

基本的な取り組みは次の通りです。
　1．手話言語法と情報・コミュニケーション法の制定
　2．聴覚障害を理由とする差別的な処遇の撤廃
　3．聴覚障害者の社会参加と自立の推進

●イラスト　門司美恵子、井林真紀（チャダル108）、関口栄子（Studio Porto）
●装丁・デザイン　門司美恵子（チャダル108）
●企画編集　頼本順子、渡部のり子（小峰書店）
●編集協力　大野益弘（ジャニス）
　　　　　　芦塚裕子、美甘玲美
● DTP　山名真弓（Studio Porto）

●写真協力
一般財団法人全日本ろうあ連盟／大野益弘／クリエイティブ・コモンズ／ PIXTA

●おもな参考資料
『わたしたちの手話　学習辞典Ⅰ・Ⅱ』『新しい手話2015』『新しい手話2016』『新しい
手話2018』『新しい手話2019』『新しい手話2020』『新しい手話2021』『わたしたち
の手話 スポーツ用語』『使える！ スポーツ手話ハンドブック』『国名手話ガイドブック』
以上 全日本ろうあ連盟／『新 日本語 - 手話辞典』中央法規出版

手話でつながる世界　④手話で世界一周

2021年4月3日　第1刷発行
2023年4月6日　第2刷発行

監　修　一般財団法人 全日本ろうあ連盟
発行者　小峰広一郎
発行所　株式会社 小峰書店
　　　　〒162-0066
　　　　東京都新宿区市谷台町4-15
　　　　TEL：03-3357-3521　FAX：03-3357-1027
　　　　https://www.komineshoten.co.jp/
印　刷　株式会社 三秀舎
製　本　株式会社 松岳社

©Komineshoten 2021 Printed in Japan
ISBN978-4-338-34204-9 NDC378　51P　29×23cm

おぼえよう！
わたしたちの手話 指文字

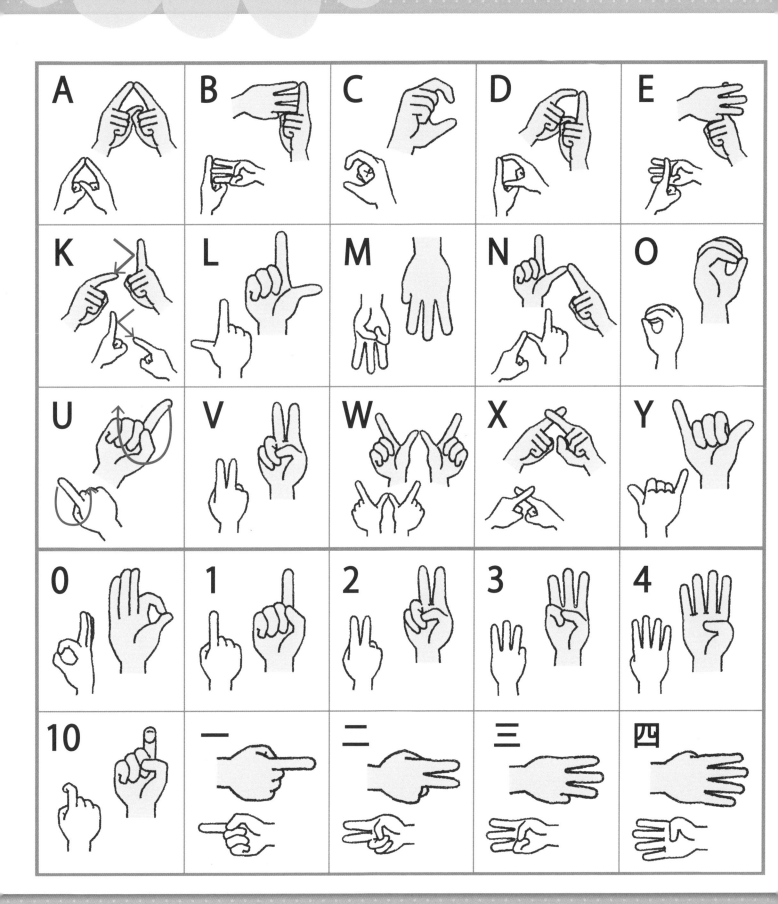